生き方のカタログ

KYOCOスタイル

生き方のカタログ
KYOCOスタイル

Bathing of Venus

Original Illustration :

Florist

Comfortable Living

Walking Lesson

My Favorite Things

Style Creation

Tea Time

Walk in the Park

はじめに

私は、ある日を境に人生を生き直すと決めてそれまでの生き方を改めました。その日から今日まで、毎日を大切に丁寧に生きて来たと思っていますし、これからもずっとそのように生きていこうと思います。55年間の人生を振り返ってみて、何かを決意したのは後にも先にもその時だけのように思います。

大切な決意をしたのは今から13年前の、退院間近の病院のベッドの上でした。

何故入院することになってしまったのか……。

その理由はひとつだけではなかったと思いますが、私のそれまでの生き方がどこか、ほんの少しだけ間違っていたようにも思います。その少しだけズレたベクトルは、時が経つうちにどんどん大きな傾きになってしまったのかもしれません。

日々の暮らしの中で毎日少しずつ溜ってゆく消化し切れなかったもの、折り合いをつけられなかったものをそのままにしているうちに、気づいた時にはとても暗い影となって私の中の大きな部分を占めてしまっていた。そんな感じに似ているかもしれません。ショックなことや辛いこと、我慢してしまったことや無理をしたこと。それらはいつかマイナスのエネルギーになって私を徐々に弱らせていったのかもしれません。

悩むことがたくさんあり、答えが見つからない日々が続き、そのうちにその問題から眼を背けてしまっていたように思います。


その頃の私は目覚めた瞬間から疲れていました。いつも身体の芯から冷えていました。疲れているのに寝付けずにいて、白々とした夜明けに僅かばかりの眠りについていました。

食べられなくなり、すぐに風邪を引き、胃が痛く、常に頭痛がしていました。肌もカサカサして、髪はパサついていました。目眩で歩くことも出来ず、長引く咳で日に日に生きる力を消耗していきました。

ベッドから起きられなくなり、水さえ飲めなくなり、眠ることも出来ず、寝返りさえも打てずに、全身が打撲を受けたように痛みました。もうダメかもしれないと思いました。そんな日々が続き、とうとう入院することになりました。

とても辛いことでした。


でもそのおかげで自分の生き方を省みることが出来たのです。あの時に苦しい時間を過ごしたことが、今、日々を楽しんで生きることの原点になっているのだと思うと、試練を与えてもらえたことに心から感謝することが出来るのです。

prologue

私らしく生きたいと心の底から願った時に出会ったもの。

それは、「深く呼吸する」ということでした。生きることは息をすること。


呼吸にはその人の心と身体の様子が表れます。心と身体の乱れは呼吸が教えてくれます。

良い呼吸をすれば心も身体も整えられます。禅や瞑想も心を整えるために深い腹式呼吸で行います。

悩んだり、もがいたり、心が嵐の海のように揺れてしまうことがあっても、それは人として生かされている証。

生きているから感情があり心が揺れる時もあるのです。


大切なことは、また平らな心に戻れるということ。


深い腹式呼吸の鍛錬で呼吸を正す。

私はこれできっと元気を取り戻せると確信することが出来ました。

繰り返すたびにどんどん無駄なものが剥がれてシンプルになれる気がしました。

身体がラクになって、心も軽くなれました。

気持ちが揺れることがあっても、呼吸を整えると心が平らになりました。

要らないものを手放せるようになり、心に余裕を持てるようになりました。

それまで許せなかったことを許容出来る自分になれました。

自分と違う考えもあることに苛立つこともなくなりました。

本当に必要なものが何なのかが判るようになりました。

本当に大切なこととときちんと向き合えるようになりました。

普通の毎日の中にも楽しみと幸せと感謝の心を持てるようになれました。


一瞬一瞬がとても大切です。どんな瞬間も心の求めるままに生きていきたいと思います。

好きなことだけに囲まれて生きていいたいと思います。


深い呼吸からスタートするステキな毎日。

生き方のカタログ〝KYOCOスタイル〟をご案内致しましょう。

嫋《たお》やかであること

私が思い描く素敵な女性の在りよう。

それは「嫋やか」であるということです。

私にとって「嫋やか」という言葉は、他のどんな賞賛の言葉よりも特別で、

柔らかく輝き、深く心に響きます。

「嫋やか」

それは、

しなやかで優しいさま

たわんでいるさま

柔らかいさま

雅やかなさま

麗しいさま

少しチカラが抜けていて

少し遊びがあって

奥ゆかしげで

楚々として

心温かく

揺るぎなく

そして何よりエレガントでフェミニンであること

嫋やかという極上の言葉を

さらりと着こなせる女性でありたいと思います。

目覚めたら

ベッドの中で、ゆっくり目覚めたいと思います。
飛び起きるのではなく、睡眠と覚醒の狭間を漂うように微睡む感じ。
ぼんやりしながら朝の光に包まれたり、
鳥のさえずりを聴いたりするそんなひと時が、とても好きです。

目を閉じたまま、身体の末端からゆっくりと目覚めるように、
細胞一つ一つにスイッチを入れるような感じ。
私にとって、それは今日一日を丁寧にスタートするための
始業点検のようなルーティンのひとつです。

心も身体も目覚めたら、ゆっくりとベッドを抜け出て窓を開け、
真っさらな朝一番の空気を吸い込んでみます。
その空気は少し冷んやりとして透明感を感じる清らかさです。
冬ならなおさら。
空気がピンと張り詰めて、凛とした気持ちになることが出来ます。
お天気の良い朝なら朝陽を見ます。朝の光を浴びると元気になるといいます。
体内時計がリセットされたり、
セロトニンの分泌も促されて気持ちも明るくなったりと、
こんな良いことがたくさんある朝を迎えられることは、とても幸せなことです。

繰り返し訪れる新しい朝。
当たり前のように思ってしまいがちなことにも、
感謝の気持ちを忘れずにいたいと思います。

私達は宇宙の一部であることを心に留めて生きています。

宇宙というとあまりに広く漠然としているかもしれませんが、私達が誕生するために必要だった全ての物質は宇宙に存在していて、そこに必要な環境とエネルギーなどが天文学的数字といえるほどの奇跡的なタイミングで整ったことが生命誕生の起源であるという説を聞いた時には、素直に腑に落ちました。

夜空を見上げる時、星のまたたきが何かを囁いているように思うのは、そこが私達の故郷で、私達の命の源であるからかもしれません。
そんなロマンを感じながら星を数えて宇宙に想いを馳せることもあります。
私にとっての宇宙への憧れは、郷愁に似た色味を帯びているのかもしれません。

陰陽五行説という宇宙観があります。宇宙は相反する陰陽二氣と5つの要素が循環して成り立っているという概念です。

自分とは何なのだろう？

そのことについて知りたいと願う気持ちは誰にでもあると思います。

森羅万象。

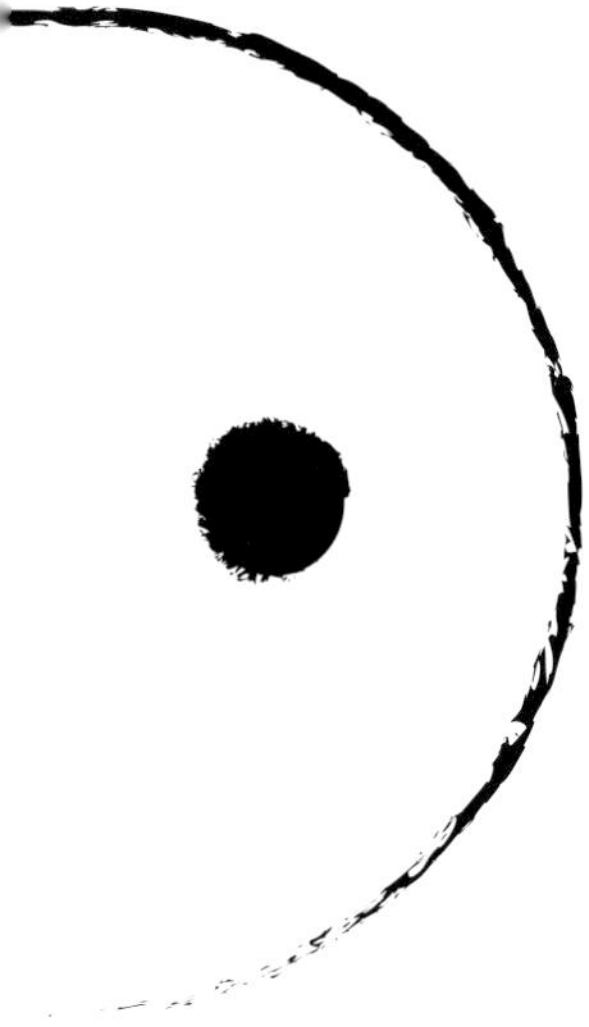

来を知る

人間も宇宙の一部と考えれば、私達は宇宙のエネルギーから影響を受けているはずだ。
5つの要素の何処かに属していることが理解できます。
この宇宙観に出会い自分の由来を知ってから、色々な場面で納得出来ることが増えたり、
選択に迷いが無くなったように思います。
自分に適したもの、自分に相応しいもの、自分をより輝かせるもの、
自分の良さを引き出してくれるもの……。
正しく選ぶことでより良い生き方を掴むことが出来ていることを感じています。

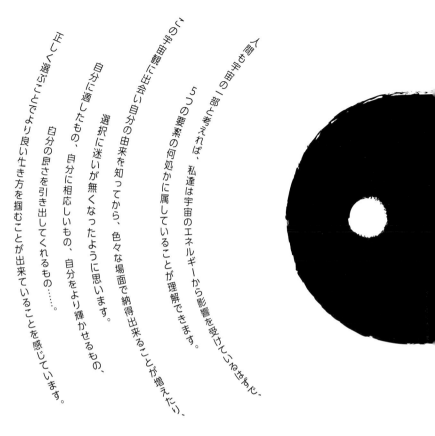

生きることは選択することの連続です。
日々繰り返す選択に、もうあまり迷わないことを願っています。
刻一刻と過ぎ行く時間。限りのある人生。
迷ってばかりいた過去もありましたが、
ある日を境にそれはもう不要なことと決めました。

自分を知る。そこからがスタートです。

自分の由

呼吸

息を吐いて、息を吸うこと。
呼吸はとてもシンプルです。

ラテン語で呼吸の語源は「spiritus」。
息、呼吸、魂、勇気、活気などの意味もあり、
それぞれの語源はひとつだったのです。

生まれた瞬間から、一生を終えるその間際まで、
命ある全てのものが呼吸をしています。
呼吸が止まってしまったら、殆どの場合は生きられません。
それほど呼吸することは命にとって重要で不可欠なことなのです。

生きることは息をすること。
とても大切なことですが、
あまりにも当たり前で無意識に行っていることが多いために、
そのことにフォーカスしていない方がたくさんいるように思います。

呼吸を意識したことがありますか？
あなたの呼吸はどんな呼吸ですか？
あなたの隣りに居る方はどんな呼吸をしていますか？
あなたにとって気持ちの良い呼吸とはどのような呼吸ですか？

心が辛い時はため息ばかり出てしまいますね。
病気だったり、疲れていたり、身体が辛くても
呼吸は途切れがちになってしまいます。
頑張り過ぎて力むあまり
呼吸が疎かになっていることはありませんか？

ゆっくりと丁寧に呼吸をすると、心も身体も楽になります。
身体が温かくなって気血水の流れが良くなり、
自己免疫力が上がって病気を遠ざけることが出来ます。
溜ったストレスも上手に手放せるようになって、
心のキャパシティが広がります。
脳が肯定的思考に変わることも、
近年では科学的にわかってきました。

spiritus

寒い時は身を縮めて呼吸することを忘れてしまったり、
痛い時には歯を食いしばって
全く呼吸を止めてしまったりすることが往々にしてあります。
姑息とはその場しのぎの間に合わせの呼吸のことです。
このように、呼吸には心と身体の状態が如実にあらわれます。

マラソンランナーは、並んだ走者の呼吸を感じて、
その人のフィジカルとメンタルの様子を感じ取り、
スパートをかけるタイミングを図ると聞きました。

心と身体は呼吸にリンクしていて、
呼吸をみればその人の心身の状況がよくわかります。
だからこそ、逆に意識して呼吸を整えれば、
心身共に良い状態へと正すことが出来るのです。

古来より続けられてきた禅や瞑想も、
深い腹式呼吸で自分を整える手段のひとつです。
心身をリセットするために呼吸を正して行う瞑想は、
さらにその先のベネフィットをもたらします。
集中力、平常心、直感力、安心感、人間力、
そしてシンクロニシティや引き寄せ力までも上がり
人生がキラキラと輝き始めるのです。
長年受け継がれてきたものには
きちんとした理由があります。

ただゆったりと、
心も身体も開いて、
呼吸を気にしてみませんか?
それはとてもシンプルでとても大切なことなのです。

私は呼吸法を実践して13年目になります。
辛かった時代がまるで悪夢だったかのように、
身体も心もとても元気になりました。
色々なことが降りかかってきても、
なんとなく越えられるようにもなりました。
心もしなやかに強くなれたことを実感しています。

本当に生き直したいと願った時に出会った呼吸法。
その後研鑽を積み重ねた私のオリジナルメソッド、
それが、イメージングブレス(※)です。

※ **イメージングブレス®**
深い腹式呼吸とイメージングで行うメディテーション

食べること

食べることが好きですか？
何のために食べますか？

私たちは、自分が食べた物で出来ています。
食べた物は消化という過程を通して分解され
体内の必要な場所に運搬され
適した形に組み直され
例えば血となり、肉となり、骨となり、皮膚となり
髪になり、爪になり、精神も含めた身体になり
自分自身を作っていきます。

私たちは生きているのです。
そして命あるものをいただくことで
生かされているのです。

毎日繰り返す食べるということ。
だからこそ大切に考えたいと思います。

何を食べますか？　誰と食べますか？
家で食べますか？　外で食べますか？

外食するなら何処で食べますか？
食歴はどうですか？　何を好みますか？
偏食はありますか？　食べ方はどうですか？
などなど……。

食べることは
生きるために欠くことの出来ないものです。
そして、**食はその人を語ります。**

英語にもこんな言葉があります。
you are what you eat.

豪華とか質素とかが問題なのではなく
きちんと食べることが大切なのだと思います。
食べるものについて、食べることについて
真摯に向き合って真面目に考えたいと思っています。

誰かと向き合った時
食べることが共感出来るかどうかということは
その人と自分のリレーションを計るための
とても大切な指針となるものだと思います。

you are what you eat

パンを焼く幸せ

パンが大好きなので
噂のベーカリーに行って
色々なパンに囲まれるのは
とても楽しい時間です。
美味しいパンを焼いているお店は
大抵しつらえも素敵で
センスの良さやこだわりを
感じることが多いものです。
美味しいパンとの出逢いは
人生の中の幸せな出来事のひとつです。

それと同じくらいに幸せなのが
家でパンを焼くこと。
すごく手を掛ける訳ではなく
ホームベーカリーに材料を入れるだけの
とても簡単でシンプルなパンを焼きます。
ひとつだけ注意するポイントは
きちんと発酵させるために
室温に合わせて水温を調節することです。
材料は大まかに計ったとしても
あまり失敗はありません。

あとは焼き上がりを待つだけ。
とてもシンプルなパンなのに
いつもいつも美味しいと思います。
焼き始めから
だんだん良い匂いが漂ってくるほどに
幸せ感が盛り上がってきます。

パンを焼く良い匂いに包まれた幸せな朝。
「良い匂いするね。」と起きてくる家族たち。
みんな嬉しそうで幸せそうな顔。
パンを焼く香りはみんな大好きです。
みんなの笑顔を思うと私も幸せに包まれます。

bake bread

フルーツのチカラ

普段の朝、目覚めてから一番最初に食べたいと思うのはフルーツです。**「朝の果物は金」**という言葉がありますね。

身体に優しく沁み渡り、一日の始まりのスイッチを入れてくれるからです。

果物は身体を冷やすものという認識もありますが、冷えた感じがした時は温かいお茶を飲めば良いですね。それで大丈夫。

出来るだけ旬のものを食べることを心掛けています。

季節のものには氣が満ちていて、その食材を通してエネルギーをいただくことが出来るからです。氣で満たされることは心と身体の元気に繋がります。

朝食はたくさん食べた方が良いという考えもありますが、身体のリズムからみると、明け方からお昼頃までは身体をリセットする時間なのでたくさんの食べ物は必要ないという説もあります。私には後者のほうがピンときましたし、長く実践していてとても調子良いと感じています。

でも、旅先での朝食は例外です。

普段とは全然違って朝からたくさん食べたくなってしまうのです。

MELON
LITCHEE
ORANGE
GUAVA
BANANA
APPLE
PEAR
MANGO
KIWI
STRAWBERRY

前の晩にあんなに満腹だったことが嘘のように、朝にはまた新しい食欲が溢れてきます。

いつもと違う朝食を楽しめることも、旅ならではの醍醐味なのですね。

朝のフルーツが身体に良い理由は、身体の調子を整えてくれるビタミンやミネラルなどの微量栄養素の宝庫であることと、酵素をたくさん摂取出来ることにあります。酵素は加熱により壊れてしまうので、そのまま食べられるフルーツは最適だと思います。

酵素を摂ることは生きるために必要不可欠といわれています。

食べたものを分解し、必要な場所に運搬し、必要な形に組み直すのも酵素の働きによるものです。細胞を新しいものに変えるためにも、もっと掘り下げれば、瞬きをするにも、呼吸をするにも、内蔵がきちんと機能するためにも酵素が必要なのです。

酵素が足りないと老化が進み、酵素が無ければ生きるための体内の全ての活動が止まってしまうほどの大切な役割を担っています。

朝一番のフルーツ生活はビタミンや酵素の補充に繋がり、良い香りで脳も目覚めます。

いつもカラダが喜ぶものを選びます。

音楽の波動

物心がつくころから
クラシック好きの父がかけるレコードを
聴いて育ちました。
朝には必ずといってよいほど
ベートーヴェンの交響曲「田園」や
ヴィヴァルディの「四季」が流れていて
今でもその曲を聴くと
半世紀も前の我が家の朝の風景が目に浮かんできます。
窓から差し込む光の感じや朝刊のインクの匂い
朝風呂を欠かさなかった父の石鹸の香り
朝食が並んだテーブル……。
音楽に包まれた朝が大好きでした。

小学校に入学した頃からは
日曜日の朝は一人で近くの教会に行くようになりました。
家族がゆっくりと朝寝を楽しんでいる隙に
日曜日に限って何故かいつもより早起きしてしまう私は
目覚めてすぐに自転車に乗って
少しワクワクしながら出掛けました。
あてもなく知らない道を走るのが大好きで
ある日その途中に立派な教会を見つけました。
恐る恐る入ってみると
神父様が慈悲に溢れた微笑みで「どうぞいらっしゃい。」と
招き入れて下さったことがきっかけでした。
洗礼を受けたわけでもなく
キリスト教徒でもなかったのですが
教会の雰囲気や空気感に包まれることは
とても好きでした。
聖書のお話にも聴き入っていましたし
賛美歌にも心が洗われる
感じがしました。

音

好きな音楽のジャンルはたくさんありますが、その時々の気分や目的に合わせてマッチするものを聴いています。好きな曲であるのはもちろん、パートごとの音一つ一つを追ってみたり、歌詞の向こうに広がる世界を想ってみたり、クラシックでは鳥肌が立つ昂揚感を楽しんだりもします。それとは逆に、心地よい空間にするために静かなボリュームで流す音楽もあります。それは聴くというよりは、窓を開けて風を通すような、間接照明で仄かな明るさを灯すような、アロマを焚くような、そんな感じに似ています。良い音の波動で空間を柔らかい場に出来るからです。手も触れないのに、音が空気を震わせる波動だけでワイングラスが割れる様子を見たことがあります。今、街には機械音など人間の可聴範囲を超えた音が溢れていて、そのことにより体調不良になっている方がたくさんいるそうです。**それぐらい音から受ける影響は大きいものなのです。**欧米ではクリスタルボウルなどを使った音楽療法もすでにポピュラーになっていますね。イメージングブレスは、より五感を開くヒーリングミュージックを聴きながら行ないます。音源は私自身で創ったオリジナルのものです。イメージングブレスの実践には欠かせないもので、リラックス効果がより高まって、睡眠と覚醒の狭間を漂うような変性意識状態へと導かれます。今朝、スタジオに向かう車の中ではラフマニノフのピアノコンチェルトNo.2をフルボリュームで聴きました。つま先から百会まで心地よい鳥肌に包まれて、細胞一つ一つが喜び活性化されていくのがわかりました。

アロマのある生活

ピュアなアロマの香りが大好きです。

今まで色々なものを試してきましたが、ここ数年は産地や収穫のタイミング、抽出方法にこだわった極上のエッセンシャルオイルを使っています。

色々なシーンに合わせてディフューズしたり、直接肌に塗布したり、柑橘系のオイルをヨーグルトに入れたりもしますが、食べられるものはグレードの高いオイルに限定されます。香りは脳にダイレクトに届くので、きちんと見定めて本当に良いものを選ぶ必要があります。

アロマは単に良い香りを楽しむためだけではなく、もっと深い効果効能があります。

古代エジプトでは防腐剤や薬、化粧品としてアロマを使っていた歴史があり、アロマテラピーの起源は、一九〇〇年代初頭のフランスでラベンダーの精油を用いて火傷の手当てをしたことともいわれています。心身の色々な症状に合わせて適したアロマを使う「民間療法」や「代替療法」と呼ばれるもののひとつです。

香りがブームになってからは玉石混交な現状です。アロマと謳っていても天然の成分は僅かばかりで、合成成分が多く混ざっているものもたくさんあるので、自分自身で勉強することも必要ですし、**五感を磨いて本物を見極められるようになることが大切**だと思います。極上の香りに包まれた暮らしは心にも身体にもとても良い影響があります。

色々な理屈もありますが、ステキな香りはそれだけでシンプルに幸せを感じさせてくれます。

五感磨きの散歩

ゆっくりと街を歩いてみると、車で通り過ぎた時には
わからなかった色々な変化に気づきます。

草花の風情や光の感じ。
空気の匂いや湿度感。
小さな虫の音や、鳥の声も聴こえます。
繋がれて飼われている犬が少し悲しそう

SENSES

な瞳をしていたり、寝ぼけ顔の猫がいたりするのに出くわすこともあります。遠くの誰かの会話や、吹奏楽部の練習の音、子どもたちが遊ぶ声がぼんやり聞こえたり、クリーニング屋さんがアイロンを当てている匂いがしたり、雨が降り出しそうな気配を感じたりもします。

遠くに見える親子が楽しそうにしていたり、それぞれの家のそれぞれの暮らしの気配が漂っていたりもします。何年も会っていない知人のことを何故かふと思い出したり。

何か良いことが、遠くからこちらに向かって来ているような微かな畝りを感じたり。

緑の色も、雨の柔らかさも、風の透明感も、空の青さも、雲の動きも、季節ごとに違うんだなぁと感じて、どの季節も良いなぁと思えます。

そんな風にして、ゆっくり散歩していると、いろんな感覚がやってきます。

世界はいつも動いていて、その動きは何処かに繋がっていて、私も何処かでそんな流れに繋がっているんだなと思います。

THE 6

五感を開いて外に出てみると色々なことを感じます。**感じたい時は無邪気に開いてたくさん感じてみます。**感じたくない時は結界を張るように閉じて、周りから何も受けないようにしてみます。

呼吸法が日々のルーティンになってからは、そんなことが自由に出来るようになったと思います。

それに、視覚、嗅覚、聴覚、味覚、触覚は確実に高まったようにも思います。

それだけでなくとても大切な感覚、「sixth sense」がどんどん磨かれていくのがわかります。

太古の昔から、人は六番目の感覚をおおいに頼って生きてきました。それは生き物がもともと持っている大切な感覚です。現代は色々と便利なことがたくさんあって、そんな力に頼る必要がなくなりました。そして使われなくなった力はどんどん退化してしまいました。

時には自分の五感を最大限まで研ぎ澄ましてみましょう。

とても素敵な何かに気づけるかもしれません。

お洒落《しゃれ》

ャレの語源は諸説あるようですが、「晒れ」（され）や「戯れ」れ）からきているようです。

れて余分なものが落ちることから洗練されるという意味と、戯れるゃれるの意味）は風流で趣きのある様、遊び心のある様子を表してす。垢抜けていて気の利いた感じ、というところでしょうか。

落に装うことは大好きです。

落に関しては、幼稚園の時から自分なりの拘りがあったことを記憶います。幼稚園の夏の制服が好きで、冬の制服は好きではなかった、秋になっても一人だけ夏服で通園していました。小学生の時には買ってきた洋服を、自分の好みにあわせてボタンの位置を変えてみ、丈を短くしてみたり。中学生の頃には自分の体型にぴったりなサの服が無かったことから、丈に合わせた時には大き過ぎる身幅をミを使って細身に直すなどもしていました。自分が好きと思えて納得る装いをすることは、子どもの頃からとても大切なことでした。

もヘアスタイルも小物のチョイスも、自分をより魅力的に見せてく
エッジの効いたものがいいなと思います。それらも全部含めて、
」という一人の人間の表れだと思うからです。**お洒落はその人の生**
の表現、さり気なくこなれていて品の良さを感じられるお洒落を目
ています。

と思える服や靴に出会えた時はとても幸せです。

たその場でその靴に履き替えたり、その服に着替えて帰ったりする
も多々あって、それは大人っぽくないことなのかもしれませんが、
な時は無邪気に嬉しい気持ちでいっぱいになります。

ピースにハイヒール。肌も髪も艶感を出し綺麗にお洒落をしてショ
ングやディナーなど、普段より少しリッチな時間をあえて過ごすこ
心掛けています。お洒落心を曇らせないために。

ールと呼ばれる人たちがいます。ファッションを追求し、上質な服
を包むことでそれに見合った自分になる。エレガントな所作を繰り
、人間性の根本から優雅で品格を持った自分になれる。そんな生き
目指す人たちです。

落心を持った人は素敵です。

になってもお洒落を大切に、そして楽しみたいと思います。

鏡を通して見える世界

私のスクールは、心と身体の健康と美の向上を目指すためのメソッドの実践により、QOL（クオリティ・オブ・ライフ生活の質 人間らしく満足して生活しているかを評価する概念）を高めることを目的としたスクールです。

受講生は女性の方がほとんどですが、男性の方もいらっしゃいます。

学びたい、高めたい、輝きたい、自分らしく生きたい、そんな気持ちは男女問わず共通した思いとして皆様の心にあることをいつも感じています。

スクールでのレッスンメニューは私の大好きなことばかりなので、私自身も好きなことはさらに極めたいですし、常に向上したいと思う気持ちがいつも自然と心に溢れてきます。

好きなことを仕事に出来ているのはとても幸せです。日々を楽しんでいる気持ちや学び続ける姿を受講生の方々に見ていただきたいとも思います。もはや仕事というよりは**ライフワーク**といったほうがぴったりな感じがしています。

内面も外見も、年齢を重ねてもその時その時が美しく輝くために、いつも上を目指す気持ちを持っていたいと思います。

綺麗になりたい。

ステキになりたい。

QOL

鏡を通して見える世界

内面を磨きたい。
そう話す受講生の方々に、「鏡に映る自分をよく見てください。」とお話ししています。
鏡に映る姿が自分のありのままの姿であることが自己認識の第一歩です。
しっかりと見つめて、客観的に自分を見つめることを繰り返して人は輝けるのだと思います。

鏡を見た分だけ人は磨かれていくものです。

そもそも、鏡は古来から極めて神秘的なものとして扱われてきました。特別に霊力を持った鏡は、見せかけではなく物事の真の姿を映し出すものとされてきました。
三種の神器とは、鏡、玉、剣。
鏡は太陽の光の象徴の神聖なものとして崇められてきました。

そんな鏡を通して見える世界。

鏡の向こう側に見える世界は虚像ではなく、それこそが真の世界なのかもしれません。鏡にリフレクターを通すことで真実が浮かび上がる。

鏡は自分磨きのマストアイテムであると思います。

女性らしさがあふれる所作は
丁寧な動きと呼吸を意識する
姿勢は単に身体のカタチだけではなく
その人の生き方の表れ
必ず続けること
意識を持ち続けることが大切

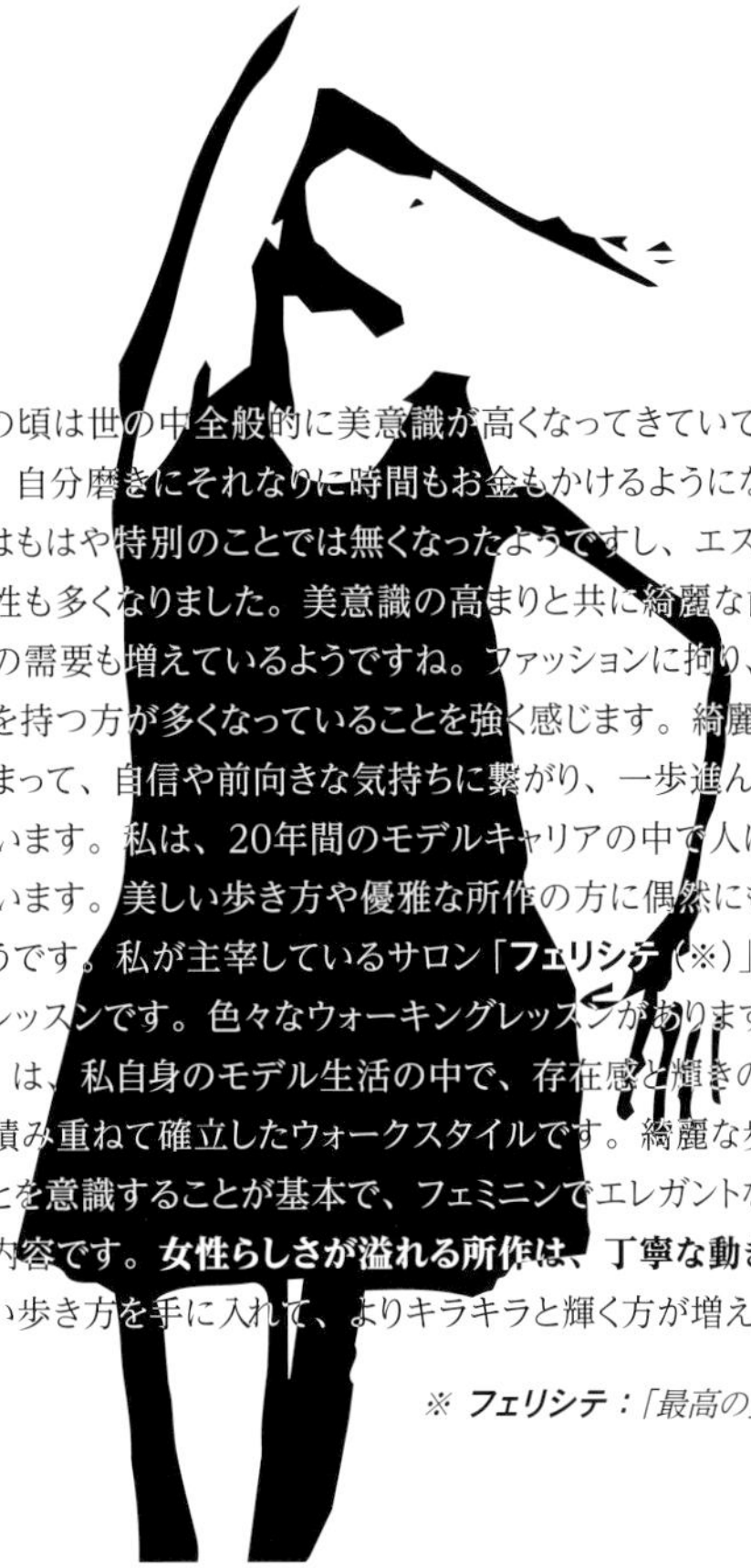

モデルウォーク

この頃は世の中全般的に美意識が高くなってきていて、女子も男子も若者もミドルエイジもシニアの方も、自分磨きにそれなりに時間もお金もかけるようになったと思います。ネイルやまつ毛エクステンションはもはや特別のことでは無くなったようですし、エステに通って、すっきりとツルツルな美肌を求める男性も多くなりました。美意識の高まりと共に綺麗な歯並びやホワイトニングも定着してきて、審美歯科の需要も増えているようですね。ファッションに拘り、ヘアもメイクもネイルも抜かりなし。お洒落に関心を持つ方が多くなっていることを強く感じます。綺麗に装うことは単に外見だけでなく自分の気持ちも昂まって、自信や前向きな気持ちに繋がり、一歩進んでいく原動力にもなりますね。とても良いことだと思います。私は、20年間のモデルキャリアの中で人に見られる意識と人を見る意識が培われたように思います。美しい歩き方や優雅な所作の方に偶然にも出会えた時には、つい見とれてしまい心が弾むようです。私が主宰しているサロン「**フェリシテ**（※）」のレッスンメニューで、人気なのがモデルウォークレッスンです。色々なウォーキングレッスンがありますが、私がお伝えしている「モデルウォークレッスン」は、私自身のモデル生活の中で、存在感と輝きのある美しい歩き方を目指してトレーニングと実践を積み重ねて確立したウォークスタイルです。綺麗な歩き方は、綺麗な姿勢がどんな時もキープされることを意識することが基本で、フェミニンでエレガントな大人らしさを表現出来るようになるためのレッスン内容です。**女性らしさが溢れる所作は、丁寧な動きと呼吸を意識する**ことで身に付いていきます。美しい歩き方を手に入れて、よりキラキラと輝く方が増えたら、街の風景がもっとステキになりますね。

*※ **フェリシテ**：「最高の」を意味するフランス語*

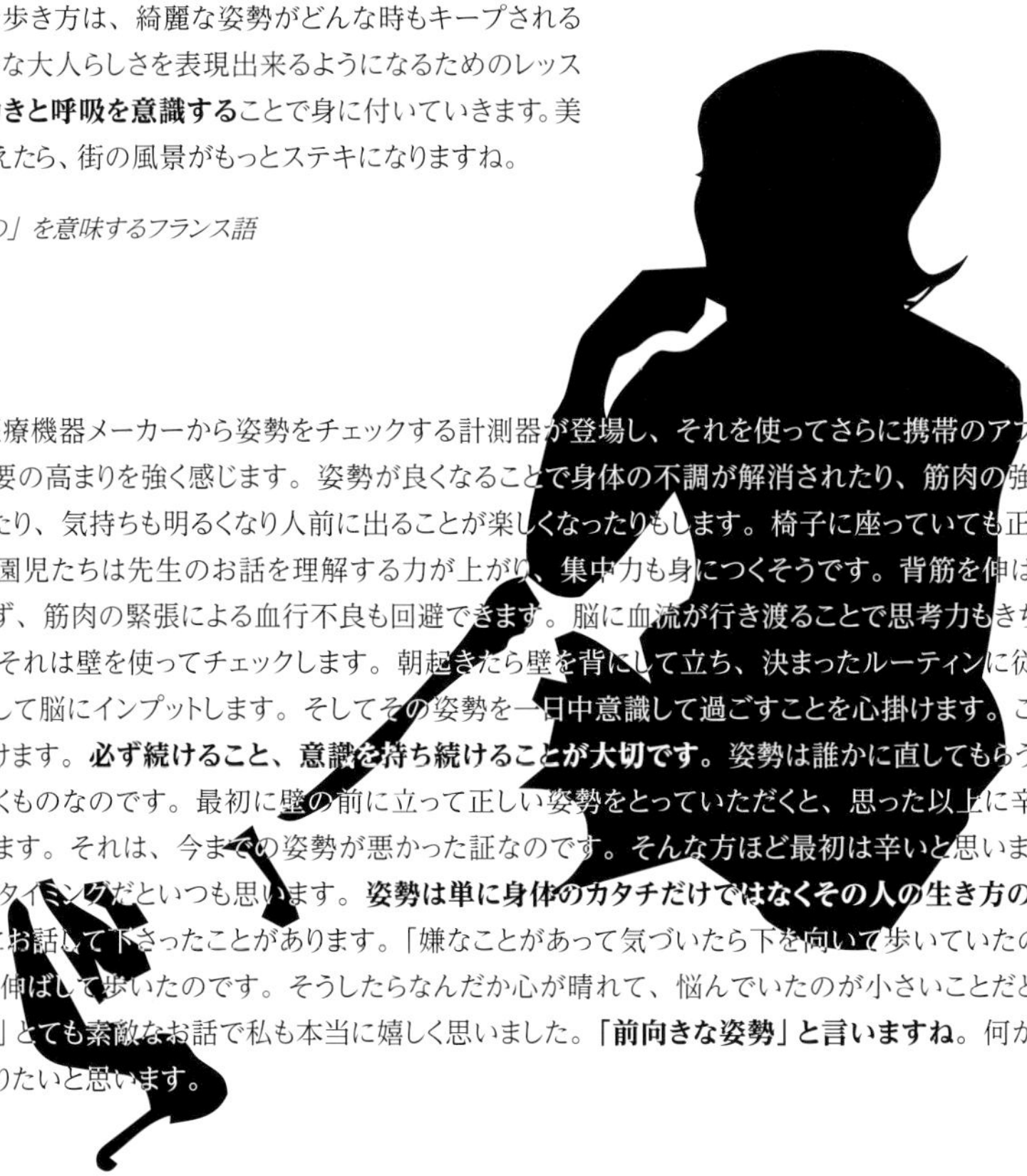

姿勢を正す意味

姿勢について関心を持つ方が増えています。大手医療機器メーカーから姿勢をチェックする計測器が登場し、それを使ってさらに携帯のアプリも併用して管理するなど、美しい姿勢へ整えたいという需要の高まりを強く感じます。姿勢が良くなることで身体の不調が解消されたり、筋肉の強化になったり、代謝が上がり太りにくくなったり、若々しくなったり、気持ちも明るくなり人前に出ることが楽しくなったりもします。椅子に座っていても正しい姿勢をキープする練習をしている幼稚園があって、その園児たちは先生のお話を理解する力が上がり、集中力も身につくそうです。背筋を伸ばしていると、重たい頭を支えるのに筋肉に無駄な力がかからず、筋肉の緊張による血行不良も回避できます。脳に血流が行き渡ることで思考力もきちんと働くのです。流れの良い姿勢作りをお奨めしています。それは壁を使ってチェックします。朝起きたら壁を背にして立ち、決まったルーティンに従って正しい姿勢を作ります。その姿勢を鏡に映し目でも確認して脳にインプットします。そしてその姿勢を一日中意識して過ごすことを心掛けます。これを繰り返し繰り返し、本当に綺麗な姿勢が身に付くまで続けます。**必ず続けること、意識を持ち続けることが大切です。**姿勢は誰かに直してもらうことは出来ません。自分自身のトレーニングで積み上げていくものなのです。最初に壁の前に立って正しい姿勢をとっていただくと、思った以上に辛いとおっしゃる方が多く、翌日筋肉痛になる方もいらっしゃいます。それは、今までの姿勢が悪かった証なのです。そんな方ほど最初は辛いと思いますが、自分の姿勢が悪いことに気づいた時こそが姿勢を正すタイミングだといつも思います。**姿勢は単に身体のカタチだけではなくその人の生き方の表れ**でもあります。モデルウォークの受講生の方が嬉しそうにお話して下さったことがあります。「嫌なことがあって気づいたら下を向いて歩いていたのですが、あ、っと、先生の言葉を思い出して顔を上げ背筋を伸ばして歩いたのです。そうしたらなんだか心が晴れて、悩んでいたのが小さいことだと思えました。そんな心配はしなくて大丈夫って思えたんです。」とても素敵なお話で私も本当に嬉しく思いました。**「前向きな姿勢」と言いますね。**何かがあって心が揺れることがあっても、また前を向けるようにありたいと思います。

ヘナでデトックス

髪はいわばお顔の額縁のようなもの。上質な額縁が絵に
添えるように、素敵な髪で
せることが

美脚レッスン

脚は手をかければかけるほどキレイになります。セラピーやリンパドレナージュを受けることも良いですが、もっと日常的に自分の手で脚を構うことがスラリとした脚のフォルム作りに繋がることを知っていただきたいと思い、レッスンメニューに加えました。特にひざ下は心臓から離れていることや、立っていたり座っていたりなど、横になる時間以外で血流が下がったまま戻りにくいことなどもあって、浮腫んでしまいがちですね。寝起きはスッキリしていたのに、夕方はブーツがパンパンに……という方も多くいらっしゃいます。キチンと対策して夕方もすっきりとしたキレイな脚をキープしましょう。ふくらはぎは第二の心臓ともいわれるほどで、下肢に降りた血液を押し上げる作用を担っています。そのポンプをしなやかに保つためにも丁寧に揉みほぐしたり、適度に筋力アップのトレーニングをすることが大切です。そのほかにも、冷えを緩和させたり、滞りを改善させるツボや経絡のメンテナンス、セルライトを柔らかくするマッサージ、リンパをほぐしてリンパの流れに沿って老廃物を流し出す方法、代謝を上げるアロマなどなど、セオリーを学べば納得できる手法で自分自身に施術することを目指してレッスンします。プラス、より綺麗に見える靴やストッキングの選び方、エレガントでフェミニンに見えるポージングや座り方、所作などをレッスンしています。美脚を手に入れて女子力アップしたい方に人気のプログラムです。

HENNA で DETOX

ヘナでデトックス

髪はいわばお顔の額縁のようなもの。上質な額縁が絵に華やかさを添えるように、素敵な髪でいることでお顔の印象をより魅力的に見せることができます。

東洋医学では、髪は血餘と言って、それは全身を巡った血液が最後に行き渡り髪を作ることを意味しています。血液不足や血液の状態が悪いと綺麗な髪にはならないのです。

ダイエットや質の悪い食をしているであろう若い女性、白髪染めやパーマで髪に元気が足りない方が気になります。カラーリングが髪や頭皮や身体に与える影響を知ってからは、髪を明るい色にすることは止めました。出来るだけ自然に美しくありたいのです。

ヘナという植物があります。

インド原産の、ちょうどお茶の木のような低木です。ヘナの葉を乾燥させて粉末にしたものを水で練り、髪と頭皮のケアをしています。髪には栄養と艶を、頭皮の脂を取って毛穴も綺麗になります。もちろんグレイヘア対策も出来るものです。

ヘナはアーユルヴェーダでは頭皮から身体に浸透し、悪いものを排泄するデトックス効果があるものとして古来より伝承されています。

自然由来で髪も艶やかになり、身体もスッキリとする。自分で出来るところも気に入っています。

良いものに出会えました。**永く続くものには納得出来る理由があるのです。**

掃除でスッキリするモノ

掃除ですっきりするもの

気の流れる住まいは心地良いものです。深い呼吸で身体のエネルギーの流れを整えるように、多くの時間を過ごす家を滞りなく、気持ち良く、キレイに暮らせるように整えることを心掛けています。

私の思う「キレイ」には二つあって、一つはゴミや埃がない様子、もう一つは**必要なものが心地よく配置されている**様子だと思います。

不要なものを溜込んでしまうと、それがストレスとなりマイナスのエネルギーが増えてしまうので、必要かどうかを考えて不要なものを手放せる人でいようと思います。

掃除をする時に大切なことは**見極めること。**そうすれば必要なもの、好きなものに囲まれた暮らしのステージが整っていきます。

お風呂に入ってすっきりするように、掃除を終えると心にもシャワーを浴びたような爽やかさを感じます。

好きなものは目に入るところに置いて、素敵な生活感に包まれて暮らしたいと思います。そして、一筋の光にも、揺れる木の葉にも、通り抜ける風にも、気が満たされていることを感じながら心豊かに住まいたいと思います。

とても奥が深くて
そのことに夢中になれる
大切なひと時です。

それは人間だけが出来ること。

何を作ろうかしら？ と、

よく考えています。

食べることにはとても興味があるので、

美味しく料理することは私の暮らしにとって

欠かせないことのひとつです。

誰かと比べたことはありませんが、

そのことについて考えている時間は、

私の毎日の中で

大きな部分を占めているように思います。

家族や親しい人に

美味しいものを食べて欲しいですし、

料理の楽しみ

もちろん私も美味しく食べることが
何より大好きです。
食を通して季節を感じたり、
命をいただく感謝の気持ちを培ったり、
食べることは人としての心を育てるのに
欠くことの出来ない大切なこと。
そのことを若い世代の方々にも
伝えていきたいと思って止みません。
出来合いのものや冷凍のもの、
レトルトやファストフードなど、
いつでもどこでも
とりあえず賄える時代だからこそ、
旬のものを
新鮮なうちに食することを心掛け、
手作りの味わいを知って欲しいと
願っています。
「喜心」「老心」「大心」という
言葉があります。
その昔、高僧が料理をする時の
三つの心構えを説いた教えです。

精進料理とは
単に野菜だけで作る料理を
指しているのではありません。
料理の語源は、物事を最適に処理する、
ということに由来します。
それは人間だけが出来ること。
精進料理は
その心を培うための一つの修行なのです。
気持ちがこもったものは
不思議なほどに美味しく、
心も温かく満たされる感じがします。
食を通して感情や感性が育てられ、
豊かで安定した心を持った人に
なれるのですね。

「喜心」とは喜びと感謝の気持ち。
「老心」とは無償で相手を想いやる気持ち。
「大心」とは偏りやとらわれの無い心。

僧が料理を通して心を磨いたように、
私も料理を通して
ステキな心を持てる人で
いたいと思います。

書道

柔らかい筆使いで
巻紙にさらさらと手紙をしたためる。
いつかそんな人になりたくて
書道のお稽古をしています。

イメージングブレスレッスンをスタートして
5年ほど過ぎた頃、
一番最初の生徒の方に勧められたのが
書道を始めるきっかけでした。

「筆を使って書く文字はもちろんですが、
たとえメモのような走り書きでさえも
美しく書くことを目指しています。」
その方の言葉に
とても心惹かれたことを思い出します。

お稽古を始めて
しばらく過ぎた頃からでしょうか、
墨を擦り始めると
時の流れが
僅かにゆったりするように感じます。

硯に落とした水が少しずつ
濃度を増していく感触が伝わってきたり、
墨の香りに包まれると、
日常からほんのちょっとだけ離れた別の場所へ
私を運んでくれるように
思えるようにもなりました。

忙しい毎日だからこそ
書に向き合う時間はちょっと別格で、
心が静かになれます。

「お仕事もおうちのことも
一生懸命にしながら、
忙しい中でもお稽古を
続けることが良いのですよ。
何もしないで書道だけということよりも、
貴方の生き方が
書に表れて伝わってきますから。」
そう仰って下さる先生のお言葉が
深く心に届きます。

紙の手触りや墨の色合い、
渇筆の感じを味わうことに

ステキな所作を身につける

美しい身のこなしは、ほとんどの場合生まれ持ったものではなく、後天的に身につけるものであるように思います。私にとって、所作の美しさは他のどんな事柄よりも大切であり、目指すべきところです。立っていても、座っていても、歩いても、食べていても、靴を履く時も、例え急いでいたとしても、その姿が常に美しい人になりたいと思っています。そのために**どんな動作も丁寧に、身体の隅々にまで気持ちをのせてしなやかに動く**ことを心掛けています。気持ちをのせることでその動きは確実により美しく見えるようになるからです。所作の美しい人は何気ない仕草も清らかな川の流れのよう。そんな人は男女問わず年齢にも関係なく圧倒的に素敵な人だと思います。

いつもエレガントでいられるように、日々の暮らし方に意識を向けてみることが大切です。目覚めてから眠るまで、**常に綺麗な佇まいでいること、**例え一人で家にいる時でも美しい所作を心掛けます。冷蔵庫を開ける時も、階段を登る時も、歯磨きをしていても、シャンプーをしている時でさえも、どんな瞬間も美しくありたいのです。日頃の意識の積み重ねがその人を美しく変えるのだと思います。

映画を観てお手本にするのも良いことです。特に邦画、時代劇の中の武士や公家などの様を観ていると、日本人の奥ゆかしく凛とした所作をたくさん学ぶことが出来ます。美しい所作の基本は動きが変わる時にひと呼吸する。そのことにも気付きました。そんな視点もプラスして観る映画は更に面白く、実り多いものになるはずです。

繰り返す日々の暮らし。せっかくなので意識を変えてより有意義に過ごしたいと思います。どんな瞬間も自分を磨く大切な時間になります。

無心になれたり、
書いた文字の向こう側に広がる
景色を流離ってみたり、
一文字の仮名にもたくさんの意味と、
その形が完成するまでの
歴史があることを知ったり、
とても奥が深くて
そのことに夢中になれる
大切なひと時です。
少し先の未来で、
素敵な手紙を書いている私を
思い描きながらお稽古を続けます。

美しく響く言葉

大人として、女性として、身だしなみや服装に気をつけるように、話し方や言葉遣いにも心配りをすることはとても大切だと思います。話し方は深く印象に残るもの。品格を感じる所作がその人をより魅力的に見せるのと同じように、美しく響く言葉を話すことは、**その人の内なる美の表れのように思います。**

写真などでお顔は知っていてもまだ言葉を交わしたことのない方。その方と実際にお会いするチャンスが出来ていよいよお話する、その前には色々なイメージが膨らんでしまいます。その方の声や言葉の選び方、会話のトーンやテンポなど、それらは私にとってとても興味のある重要なポイントです。

同じ話を伝えるのにも色々な言い回しがあります。より素敵な表現で伝えられるようになれたら、些細な出来事でさえもキラキラと輝いて聴こえることでしょう。美しい言葉で伝えた方がより気持ちが良いと思います。

言霊といわれるように、口から発せられた言葉に魂のようなものが宿るのだとしたら、美しい言葉で話せば良い波動となって届きます。その言葉を受けた方にはもちろん、自分の発した言葉を聞く自分自身にとっても、素敵に響く言葉のほうがきっと良いですね。

会話を交わすのはお互いをより深く知るため。だからこそ、美しい言葉で実り多い会話を楽しみたいと思います。

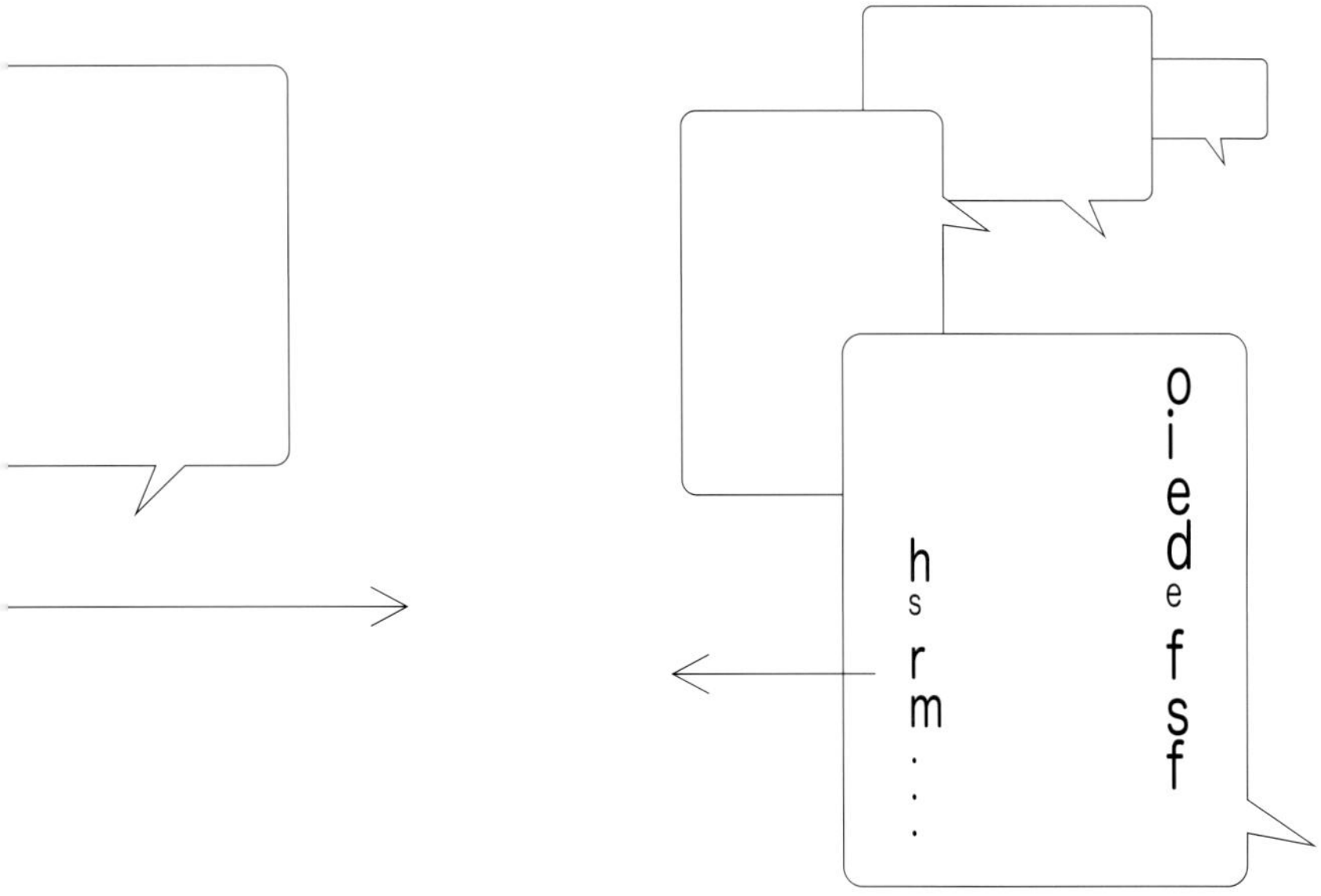

コミュニケーション上手になる

興味を惹かれる人と出会えると、丁寧にコミュニケーションを積み重ね、良い関係を作りあげたいと思います。それは人生を豊かにする大切なこと。情報を伝達するためだけではない**心が通い合うコミュニケーション**でお互いに有意義な時間を持てることは、幸せなことだと思うからです。

大切にしていることの一つは、その相手と心のこもった会話をすることです。会話の中からその人の興味を掴んだり、何に重きを置いているかを知ったり、共感出来ることを見つけたいと思うからです。相手の話の意図を汲み取れるように、イメージ力豊かな聞き上手でいたいと思います。同意や賛同することも大切です。誰でも認めて欲しい気持ちがあって、肯定は温かさや優しさにも繋がります。もしも、自分と違う考えやアプローチだとしても、興味を持って受け止められれば自分とは違った世界が拡がるものです。

否定から入らずに肯定的に捉えられる自分でいるためにも、気持ちの余裕を持つことは大切なのだと思います。

oiedefsf
oiedefsf
hsrm...
oiedefsf
...rm

communication

コミュニケーションは相手がいて成り立つものです。投げられたボールをポケットにしまわずに、また良いボールを返しましょう。受け取りやすいところを目掛けて投げるのが鉄則です。受けた言葉に素敵な言葉をプラスして返せると楽しいキャッチボールが続きます。認めて、理解して、表現して、心が弾む会話を交わしたいと思います。

象徴的なお話です。

ラオスでは、適齢期の男女が向かいあって並び、実際にひたすらキャッチボールをして結婚相手を決めるお見合いイベントがあるのです。ボールに気持ちをのせて相手に返し、受け取ったボールから相手の気持ちを察するそうです。投げ方や強弱も大切なポイントで、それらから感じ取って伴侶を決めるのだそうです。

コミュニケーションの基本は、やはりキャッチボールなのですね。

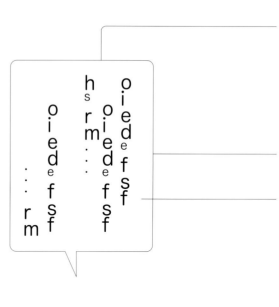

青赤白黒黄

カラーを味方に

色には意味があります。例えば五行を知ると方位により配される色が決まっていて、それぞれの色にはそれぞれ違うエネルギーが宿っていることがわかります。

東は春を表していて青、南は夏を表し赤、西は秋を表し白、北は冬を表し黒、中央は季節の変わり目、土用を表していて黄色など、古来より由緒正しき場ではそれに従った色を配置しています。

例えば、両国国技館もそのように整えられていることがわかります。

春、真っ直ぐに伸びるエネルギーの意味から来た「青春」や、「北原白秋」の名前の由来も五行に従ったものであろうと思います。

補足ですがそれぞれの方位には守護神がいて、東は龍、南は雀、西は虎、北は玄武です。青龍、朱雀、白虎などは今もよく耳にするワードです。

色の持つ意味とエネルギーを知り、適した使い方をするのはよいことだと思います。

認識されたい時、パワーアップしたい時、情熱を伝えたい時には赤を。気持ちを沈め集中したい時には青を。若さや平和なイメージを伝えたい時にはグリーンを。自然光に近い黄色は不安を解消し喜びや希望をもたらすエネルギーを持った色。紫は赤と青のエネルギーを兼ね備えたワンランク上の色。白は平等、清潔感、始まりをイメージさせるとともに高度の熟成をも表す色。

掘り下げればそれぞれの色にはまだまだ深い意味があります。

ある時、メディテーションのレッスンをしている途中、生徒のお一人がピンクのオーラに包まれているように見えたことがありました。そこでレッスン後にそれをお伝えしたところ、素敵な彼と出逢い幸せな恋愛がスタートしたと話して下さいました。愛に溢れている時はやはりピンクなのだと思った出来事でした。

カラーを知り、カラーを味方にすれば、想いを伝えるためのプラスアルファのチカラになります。

Blue
Red
White
Black
Yellow

キャンドルナイト

ある夏の宵
夕暮れ間近でそろそろ灯りをつける頃のことでした。
外は大荒れの台風で
近くに雷が落ちたのでは？と思うほどの大きな音で空が震えていました。
幾つもの雷鳴が轟いたその直後
テレビが消えて停電したことがわかりました。
これから夜がやって来るのに、家の中は闇に支配されつつありました。
ぼんやり不安な気持ちになりかけた時
「そうだ、キャンドルを灯そう。」
そう思ってアロマキャンドルに火を点けました。

キャンドルの炎は小さいのに
暗闇の中ではとても明るくて心が温かくなれるような
そんな光を放っていました。

その日以来、時々そんな夜を過ごしたいと思います。
キャンドルを灯して大切な人と過ごす時間は、ゆっくり流れるように感じます。
エコロジーにも繋がるので、キャンドルナイトを推奨しているムーブメントもありますね。
好きなアロマを入れてキャンドルを手づくりするのも楽しいことです。
自分で作ったキャンドルが綺麗な炎を保つように
丁寧に火を構っている時には無心になれる気がします。

小さい炎なのに、いつまでもずっと見ていたい気持ちにさせられます。
ゆらゆらとして、常にその形が変化している様を
飽きることなく見続けてしまいます。
何故か心が柔らかく、穏やかになれる気がします。
それは、火に守られて
暗い夜を安心して過ごせた太古の記憶がDNAに刻まれているからかもしれません。

キャンドルナイト……。
素直な気持ちで、家族や大事な人とゆっくり向き合える
優しい夜になります。

ガーデニング

部屋に切り花を活けたり、玄関に鉢植えを置いたりなど、
花のある暮らしは素敵で、日常生活がほのかに柔らかくなる気がします。
花が咲いている庭が好きで、季節ごとの花に溢れた庭に憧れます。
キッチンや洗面所にも庭で咲いた小さな花を飾って、
その可憐な姿を眺める瞬間がひと時のブレイクにもなります。

花を植えるためにシャベルで地面を掘ってみると、
力強い土の匂いがしてきて大地のエネルギーを感じます。

命を育む母なる大地の氣に包まれます。

以前は虫が大の苦手でしたが、こうして土いじりをしているうちに虫に出くわしても、
悲鳴を上げることはなくなりました。

ここにも小さい命があるんだなと愛しさにも似たような気持ちになったりすることもあります。

心ゆくまで日がな庭いじりを出来る人になりたい。

花に囲まれ生きた絵本作家、ターシャ・テューダーは私の目指す生き方のお手本の一人です。


花屋の店先で完璧な姿で佇む花たちは圧倒的な魅力を放っていますね。

それとは対照的に、野に咲く花々はノスタルジックな美しさと嫋やかさが感じられて心を奪われます。


植物は動物よりも、遥かに進化の先を行っているという説があります。

意思もあり記憶も持っているとか。

話しかけたり、良い音楽を聴かせるとより綺麗な花を咲かせるといいます。

花の形や色や香りは、進化の過程を経てそれぞれの個性を表現しているそうです。

自ら動くことが出来ない植物は、ほかの生物の助けを借りて繁栄する術を身につけていったのです。

より綺麗な花を咲かせたり、より良い香りで誘ったり、
種族を残すため、種族を絶やさず次の世代に繋ぐために、
最適なスタイルを求めて変化を続けてきたのです。

可憐な花は、その姿からは想像も出来ないほど
命に執着していてエネルギッシュなのかもしれません。

そんなことを感じながらガーデニングを楽しみます。

お風呂が大好きなので、もし気の済むまで入っていられるなら、きっと何時間でもずっとお風呂にいられるのだろうと思います。

湯船に浸かって心ゆくまでバッハを聴くのも良いし、読書をしながらの半身浴ならストーリーに浸りつつ身体も芯から温まって有意義な時間を過ごせます。それに代謝が上がって発汗の促進にも繋がります。

水分はたくさん摂ったほうが良いと多くの方が思っているようですが、**摂取した水が体内を循環して体外に出ていくことも大切**だということはまだ認知度が低いように思います。
流れの良い川は綺麗ですが、どこかに滞りがある川はそこから淀んでしまうのと同じで、常に流れていることがとても重要です。
飲んだ水分が排出されず体内に溜ってしまう状態を東洋医学では水毒といって、冷えや浮腫みや痛み、更には血圧の上昇など、色々な不具合や病気の引き金になると考えます。

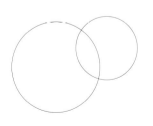

優雅なバスタイム

ゆったりとお湯に浸かるバスタイムで良い汗をかきましょう。血行促進や乳酸値を下げる効果もあるので、疲労回復にも役立ちます。

そんな大好きなバスタイムをより優雅な時間に変えてくれるのが、お気に入りのエッセンシャルオイル達です。バスタブにお湯を張って、今日の気分に合わせて選んだオイルを数滴入れましょう。湯気のおかげでディフューズも出来るし、全身に程よくエッセンシャルオイルが行き渡り温浴効果が高まります。寒い季節ならゼラニウムやローマンカモミールのほんのり甘い香りが心地良いですし、暑い季節ならミントや柑橘系のオイルで爽やかに入浴することが出来ます。リラックス効果が高いラベンダーはゆっくり眠りたい夜にぴったりです。

極上のエッセンシャルオイルで優雅なバスタイムを楽しみます。

お風呂が好きですし、お風呂好きな人が好きです。

清潔な感じはとても大事です。

力の抜き方

普通に生きていると、肩に力が入ることがたくさんあるのかもしれません。色々なことが起こって、頑張らないと越えられない時もあります。

いつも力が入っているのは、**ゴム紐を常に引っ張り続けている有様**に似ていると思います。ずっとテンションが掛かりひたすら張り詰めている感じ。そんなに引っ張り続けていたら、いつかパチッ、と切れてしまうことでしょう。それは私たちも同じです。たまには緩めてあげないと、心も身体も悲鳴を上げてしまいます。なるべく早く気づいて対処の方法を考えましょう。

緊張感とリラックスを上手に使いわけながら、バランスをとるのが理想です。緩急つけられるようなセルフコントロールが出来るようになると、心も身体も楽に生きられます。そして、必要な時にはしっかり集中出来て、**思いが叶うようになります。**自分の心と身体の変化に気づけるように心掛けましょう。

チカラが入り過ぎている時には、**ゆっくりと呼吸をすること**がとても有効です。最初に息を吐いて要らないものを全部捨て、次にゆっくり吸って良いものを取り入れる。不要なものを手放せると、本当に必要なものが届きます。

道教の思想家、荘子の教えにも、「呼吸が身に付くと生き方の達人になれる」とあります。生き方の達人は無駄に力んだり必要以上に落ち込むこともなく、驕り高ぶることもない。

力の抜き方がわかると生き方が変わります。

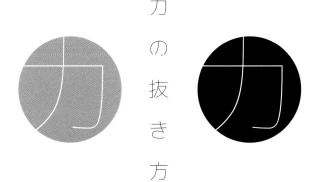

愛する人のために

いつか聴いたイタリアオペラの歌詞です。「どれほど愛する人とでも、いつかは必ず別れる時が来る。だから愛する人を悲しませてはいけない。どんな時も大切にしなくてはいけない。」と。

父は普段あまり口数の多い人ではありませんでしたが、幼い頃父から教えてもらった今も心に残る言葉があります。
「生者必滅会者定離」
命あるものはいつか必ずその命を終える時が来る、そして、出会った人とはいつか別れる時が来るのだよ、と。今を大切に生きなさいと教えたかったのかもしれません。ずっと後になってからその意味を思うようになりました。

愛することは無償であること。見返りを求めず一途にその人のためだけを思うこと。その人が心地よくいられるように、温かい気持ちになれるように、楽しめるように、頑張れるように、笑顔になれるように、ひもじい思いをしないように、たくさんの幸せを感じられるように……。そのために私は何が出来るのだろう。そう考えている時の心は、きっと純粋な愛に溢れているはずです。大きな心で柔らかく包むような、母性にも似た感情のように思います。

誰かを愛する人生、愛する気持ちを知る人生。人は愛なしでは人間らしくは生きられないのかもしれません。

せっかく人として生かされているのなら、愛に溢れた生き方をしたいと思います。本当に大切な人を心から大切にして、今を生きたいと思います。

Gift ギフト

贈り物を戴くと嬉しい気持ちになります。

プレゼントそのものももちろんとても嬉しいですし、何よりプレゼントして下さるその気持ちを思うと、心まで暖かくなります。

そんな時には素直に「ありがとう」の気持ちを伝えます。


楽しいことはたくさんあったら良いですね。

嬉しいことも幸せなこともいっぱいあれば良いと思います。

でも時にはとても悲しいことがあったり、淋しくなったり、切なさを感じることもあります。悩んだり迷ったりして彷徨う日もあれば、悔しさや執着心に苛まれる日も皆無ではありません。


人は一〇八の煩悩を持っているといいます。

喜怒哀楽。

それに、一言では表しきれないもっと入り組んだ複雑な想いもあります。

色々な感情があるのは**人として生かされている証**なのですね。

色々な想いに心が揺れて、まるで嵐の海のような大波となって荒々しく猛々しくうねる時があったとしても、それは悪いことでも駄目なことでもありません。

そんな想いを味わってこそ痛みがわかったり、優しくなれたり、強くなれたり、深くなれたりするのですね。

表情豊かな方が魅力的であるように、たくさんの想いを経験してより心豊かな人になれたら良いと思います。

大切なのは、**どんなに大きく心が揺れてしまっても、通り過ぎたあとにはまた静かで穏やかな心になれること。**

今、自分がこうして命をいただき日々生かされていることは、神様からの何よりのギフトのように思います。ほかに代わりは無い、この世でたった一つの「わたし」というギフト。だからこそ自分を大切にして、生きている限り内面も外側も磨き続けましょう。

人は誰でも歳をとって変化していきます。色々な経験を経て、**若さだけに頼らない魅力**を持てる人になれたら、それはとても素敵なこと。

生涯学び続けたいですし、向上心を忘れたくありません。

深さ、柔らかさ、揺るぎなさ、優しさ、強さ、そんな魅力を兼ね備えた人になるために毎日を楽しんで生きたいと思います。

もし大変なことが起きたとしても、**今の自分に必要な課題を与えてもらっている**と捉えて、正面を向いて受け止められる人で在りたいのです。

贈りものを大切にするように、自分というギフトが年月をかけてより素敵な輝きを放てるように、研鑽を積んでいきます。

私というギフトをありがとうございます。一生をかけて磨き続けます。

Calm 凪《なぎ》のような心

禅や瞑想は心を整える最善の手段として深い腹式呼吸と共に行ないます。

私も大好きな呼吸法を続けて行くうちに、例えどんなことが起こったとしても、また凪のような心へと整えることが出来る自分になれました。

とてもありがたく思います。

just go with my flow

流れに身を委ねてみる

いつも大好きなことにフォーカスして日々を過ごし、
繰り返す毎日をより楽しみながら暮らしたいと願っています。
何故ならある日を境に心豊かに生きようとはっきりと決めたからです。
生かされている一瞬一瞬がとても大切だからです。

私の生活の中心にあるのは、元気と楽しみに繋がるもの。
そのために欠かせない大切なメソッドが、
深い呼吸とともに心と身体を整える
イメージングブレスでのメディテーションです。
呼吸を整えて健康な身体と前向きな心が手に入れば
大抵のことは越えられようになり、
少しばかり大変なことがあったとしても
「大丈夫、なんとかなるわ。」と思える自分になれます。
ポジティブに考えれば不思議と良い流れになるものです。
どんなことも気の持ちようかもしれません。
自分に起こる色々なことは自分が生み出していることで、
元をただせば全ては自分次第。
誰かのせいにするよりは
真っ直ぐに見つめて正面から受け止めたほうが気持が良いものです。

イメージングブレスを核にして
素敵な出会いや実り多い時間が広がることはとても幸せなことです。
色々な場面で生きる意味を教えてもらえることを感じます。
良いことも、そうでないことも、
起こったこと全てに感謝してまた次の一歩を踏み出しましょう。

人生は旅のようなものだとしたら、
いつか辿り着く終着地がイメージ出来ると
方向を誤らずに進めるかもしれません。
なりたい自分の姿がぼんやり浮かんでくるのは、
深い呼吸で心と身体がゆったりと開いている時。
心に深くインプットされていたイメージが見えてきます。
途切れることなくイメージングを続けましょう。
一歩一歩。たとえゆっくりでも進んでいきましょう。

もしも停滞しているように感じたなら、
その時は良いイメージをさらに広げて無駄に動かず、
機を図ることを心掛けます。
しなやかな強い気持でゆったりと構えていれば、
それほど悪いことはやってこないと思うからです。

流れに逆らえば辛くなる。
流れに身を委ねれば、いつかきっと、その身は静かな岸辺に辿り着くのだと思います。

一日が終わる時

ほとんど毎晩、
ベッドに入ったら
きっと10秒もたたないうちに
あっという間に
眠りに落ちてしまいます。
寝付きの悪い方からは
羨ましがられますが、
時々は夜を満喫したい気分になります。

家族が寝静まった頃、灯りを少し落として
ぼんやりと今日一日の出来事を振り返ります。
そんな夜はとても静かに過ぎて満ち足りた時間になります。
今日出会った人のこと、同じ時間を共有した人のこと、心に残る言葉、風景、
幸せだったこと、笑顔になれた出来事、色々なシーンを回想してみます。

慌ただしく過ぎる日中とは違って
時間が僅かに緩やかに流れているように感じるのは何故でしょう。
自分自身と深く向き合って、この瞬間過ぎていく時間と同時に
今日過ごした時間をもう一度辿っていることがそう感じさせるのでしょうか。

眠る前にはいつも良いことだけを数えます。
失敗したことや後悔していることは考えないようにしています。
翌朝目覚めてまだモヤモヤとしているようなら、また考えればよいこと、
と思って心を切り替えましょう。
それはすっきり目覚めるための大切なルールだと思うからです。
夜中の思考はマイナスに傾きがちで、
悔やんだり悩んだりする気持ちは
細胞ひとつひとつを弱らせ元気を奪ってしまうからです。
自分自身にダメージを与えるようなことは避け
幸せが溢れたキラキラの細胞で目覚めたいからです。
ターシャ・テューダーの言葉のように
幸せは自分で作るもの。

枕にラベンダーとカモミールのエッセンシャルオイルを
一滴ずつ落とすと、優しい夜の匂いがします。
柔らかい雲が降りてきて
ふわっと包まれるように
幸せに満たされてゆっくりと眠りましょう。

一日の終わり。
ステキな朝を迎えるために。

この本を購入された方へ

KYOCO スタイル ワークショップ
のお誘い

「生き方のカタログ KYOCO スタイル」がそのまま教科書になります

この本を読んでくださったあなたへ

いかがでしたか？
新しい一滴をあなたの心に注ぐことができたとしたら何より嬉しく思います。

今度は、実戦形式のワークショップで一緒に楽しみながら、
一章ごとのおさらいをしませんか？
きっとあなたの毎日がキラキラに変わるお役に立つはずです。

ワークショップ修了時には、とてもステキな「KYOCO オリジナルグッズ」
のプレゼントがあります。そちらもお楽しみにご参加ください。

イベントインフォメーション
開催日：毎月第 1 日曜日　13:00～17:00
場所、受講料：ご希望の方にお伝えいたします。

お申し込み、お問い合わせメールアドレス：info@kyocostyle.com

epilogue

おわりに

「ファッションは廃れるがスタイルは永遠だ」

イヴ・サンローランの名言です。

自分のライフスタイルを、カタログのようなカタチにしてみたいと思い、良いご縁を戴いてペンを執りました。

書き終えた今、全てを読み返して思うことは、これからも変わることのない“*KYOCO*スタイル”が在るということ。

柔らかいのに決して折れない生き方。これからも素敵なストーリーを綴っていこうと思います。

今、このページを開いて下さったあなたへ、

少しでも嫋やかな生き方のヒントになることが出来ましたらとても幸せに思います。

東湘印版の和みデザイナー堀さん、ありがとうございます。

真銅 京子（しんどうきょうこ）

1959年東京生まれ。
20歳から40歳までファッションモデルとして活動する。
その後呼吸法を学び、
オリジナルのメディテーションメソッド「イメージングブレス®」を確立する。
2003年にイメージングブレス®の教室をスタート。
2013年より全国に認定インストラクターを輩出し育成中。
現在はイメージングブレスのほか、
衣食住を楽しむための各種レッスンやワークショップ、
自分磨きのセミナーなどを行っている。

kyoco✳
kyocostyle.com

NDC384
神奈川　銀の鈴社　2016
60頁　21㎝×21㎝（生き方のカタログ　KYOCOスタイル）

2016年11月14日　初版発行
本体　2,600円＋税

生き方のカタログ
KYOCOスタイル

著　　者　kyoco©
発 行 者　西野真由美
編集発行　㈱銀の鈴社　TEL 0467-61-1930　FAX 0467-61-1931
〒248-0005　鎌倉市雪ノ下3-8-33
http://www.ginsuzu.com
E-mail info@ginsuzu.com

ISBN978-4-87786-492-7 C0477
落丁・乱丁本はおとりかえいたします。

印刷・製本　東湘印版